서른이 되기까지

홍승헌

디시링

서른이 되기까지

초판인쇄 2020년 10월 25일
초판발행 2020년 10월 28일
지 은 이 홍승헌
펴 낸 곳 도서출판 다시랑
펴 낸 이 신진호
출판등록 제2002-000017호
주 소 서울시 동작구 사당로 8
전 화 (02)812-3694(代)

ISBN 978-89-97756-52-0 03810

정가 8,000원

머리글

돌아보면
서른 살이 그저 된 게 아니었습니다.

그냥두면 사라질까 아쉬워
그 시절의 흔적을 모았습니다.

2020. 가을

차례

/ 이별 /

/ 독백 /

/ 청춘 /

서른이 되기까지…

이별

진달래

너는 기어이 가려는도다
하얗게 펼친 내 봄자락 굳이 한번 새겨 밟고

아! 차라리 멀쑥한 나뭇가지 대롱대롱
매어 달린 겨울 끄트머리나 붙들고 울고 울 걸

단장도 못 다한 채 어이하여
엉거주춤 맞이하여

만남의 포옹은 끝나기도 전에
먼 산 진달래 어울렁 더울렁
나의 봄을 비웃고

아! 차라리
수성못 들녘 잡풀이나 태우며 울 걸!

가려는도다 기어이
가려는도다

먼 산 진달래는 어울렁 더울렁
나의 봄만 비웃는도다

이별을 위한 습작

나는 못 잊겠는데
당신은 어이하여 잊으려 하는지
기약할 그 무엇이 없어도 서로의 기다림에 넉넉하였던
동대구로 가로수 사이를 어둡게 걸었다
그 모습 그대로의 포장마차 약간은 낡아진 길가 벤치는
비껴가는 여름 초저녁 이슬에 젖어
나를 머무르게 하질 못한다
달빛 아늑한 그늘 속에서도 당신의 모습 찾을 길 없고
차라리 울어 예인 기적소리도
당신의 음성 들려주질 못한다
나는 못 잊겠는데
어이하여 당신은 잊으려만 하는지...

행복하라고
돌아서는 발걸음에 소리 없이 흐느꼈다
어느 때는 세월의 흐름을 손 모아 헤었건만
이제 우리의 모습은
서로의 머언 눈빛에 그리고 침묵에 이야기를 감추며
아쉬워하였다
떠난 적도 보낸 적도 없이 만남은 전설이 되어
한 장 두 장 페이지를 덮어가고...

절망,
그 끝없는 두려움에 몸부림치지만
이불을 뒤집어 쓴 고립의 고통 속에서 열병을 이겨낸
아이 적 경험으로
끝내는 혼자 아무 일 없던 냥 부스스 눈 부비며 일어설 뿐
따뜻한 가슴이나
함께 채워진 잔을 바라보며 웃어줄
진정한 그 누구도 존재치 않는다
자신은 결코 그렇지 않다던 진리 아닌 진리는
모습만 더욱 초라하게 화장하여 비웃고
수은등 창백한 불빛에 익숙해진 밤
기다랗게 남긴 그림자만 홀로 서 있다

옛일은 왠지 아름답다
하지만 기어이 그대로 머물러 주지 않는다
푸르른 바다 내음
비 내린 정거장
이러한 모래알 같은 숱한 이야기도 발자국도
잊어야 한다
자신마저 그와 더불어 잊히지 않으려면
차라리 집착에의 사슬을 풀어
나는 그로부터 그는 나로하여금 자유로워야 한다

이렇게 다짐하고 돌아서매
또다시 그리움에 질식되어 허덕일지언정
이제는
기어코
잊혀진 모습으로 바라보아야 한다

술이란 이름으로

술이란 이름으로 너를 취해보았다
그리하여 심장의 고동이 귓전에 와 닿고
그로 인하여 젖은 눈동자는
슬픔 속에 묻힌다

때로는 보고 싶은 얼굴
잊어야 할 사람들
초저녁 등불 같은 숱한 옛일 들이
우리들 사이에 오가면
휭하니 바람 불어 날리운 들녘

부스러진 웃음 조각들이 뒹굴기라도 할지언정
별빛 가득한 하늘 한번 보고
이제는 비운 가슴

술이란 이름으로 너를 취해 보았다
그로 인하여 심장의 고동이 귓전에 와 닿고
그로 인하여
내 슬픈 눈동자

옛 이야기

누구를 위하여 지새울까
내 홀로이 정든 밤아
눈물 한 모금 마셔 나의 청춘
빈병하나 던져 나의 인생

초저녁 어둠에 겨운 달
꿈길로 달려
그땐 우스운 얘기도 있었건만
흥겨운 노래도 있었건만

이 밤
그 이야긴 눈물로 흐르고
그 노래 빈병에 던졌네
영이야 순이야 너횐 어디에 있는가

별빛도 까마득히 삼경에 저문달
누구를 위하여 지새울까
내 홀로이 거니는 밤아

초겨울 길

나의 길을 가련다
때로는 하얗게 눈 내리고
비에 젖은 어깨는 바람에 시려
삶은 밟히고
추억은 묻히고
발자국 하나 둘 감추는
들녘
진고동으로 펼쳐진 저녁에
덩그러니 서있는 바위처럼
외로움에 두 손 잡고 울었던 밤이 새고
폭풍설 개이던 날
말끔히 꿰맨 바지
하얀 고무신 신고
나의 길을 가련다

고향의 밤

사랑이 없으니
눈물도 없다
비웃음이 두려워
세상을 비웃어버린
고향의 밤에
소쩍새 울음은 그칠 줄 모르고
높다란 잣나무는 나이를 잊은 채 하늘만 바라보겠지
채찍질하며 가자 구부렁 고향 길을
달구지위에다 세월이나 싣고 가자
널따란 들녘 너머
고향 뒷산에
밤마다 찾아오는 소쩍새 벗 삼아
하얗게 이슬 맞으며 노래나 하자

먼 고향

긴 한숨
낯선 고갯길로 띄워 보낸다
파계사 저녁 종소리처럼
와 닿는
고향의 얼굴
새벽 산소덩이처럼
뭉게뭉게 피어나는
그리운 이름

더러는 잊기 쉬운 기억들 중엔
잊을래야 잊을 수 없는
슬픔도 있다

낙엽

써늘한 바위틈에 기대어
힘없는 눈을 껌벅이고 있다
봄날의 현기증을 안은 채
여름의 소낙비를 하릴 없이 마셨고
생각 없이 내려앉는 서리의 냉기에
마지막 매달림을 미련 없이 놓았다
이마에 찍힌 발자국만이
사라져가는 숨소리의 여운을
느끼고 있다

잿빛 하늘의 이야기

잿빛 하늘의 이야기
지겹도록 긴 이야기
그다지 흥겹지 않은 아침의 노래

어릴 적 동네를 누비며
새벽이슬에 흠뻑 젖은
일곱문 고무신은 기억 속으로 주저앉아

흙내음을 잃어버린 황톳길
빛바랜 포플러
이러한 것들에 질식해 가듯

억눌린 한숨
메마른 미소
나는 너를 사랑했는데
나는 너를 사랑했는데

아버지와 소나무

아버지!
어렸을 적 제 꿈은
솜털같은 둥지를 깨어나
어느 하늘 닿지 않는 곳 없이
나래를 펼치는 것이었습니다
그러나
내 침묵의 깃털이 검게 자라날 때
아버지의 자전거는 비틀거리고
동화는 찢어진 종이비행기처럼
까마득히 벼랑으로 곤두박질했습니다

아버지 계실 적엔
봄에는 꽃피고
가을엔 단풍잎 곱게 물들더니
쓰러진 자전거가 일어날 줄 모를 때
계절은 하나가 되어야 했습니다
어리석은 망각은
세월의 흐름만 잊은 채
엊그제는
고향 뒷동산에 계절을 찾아 떠 다녔습니다

가을 어느 산천에 단풍잎 없고
꽃 없는 봄이야 있을까마는
제 깃털이 자라나면서부터
아니면 그 이전 둥지를 떠날 때부터
계절은 하나씩 사라져 갔고
소나무는
신작로 바닥에 쓰러져 뒹구는
아버지의 자전거를 보며
꽃도 없고 단풍도 없이
태곳적 던져진 푸름으로만 서 있는 것을
알아야 했나 봅니다

아버지
고향 뒷동산은 너무도 아름다운
슬픔에 울었습니다
그러나 떠날 때의 눈물은
더 이상 슬프지 않으렵니다

얼굴

내 가슴에
그리움 하나 있습니다
지워지지 않는 얼굴입니다
별이 죽어 스러진 밤
비에 젖은 오후
그렇지 않더라도
문득 문득 피가 역류하고
심장이 광란할 만큼
몹시도
그리운
얼굴이 있습니다

그리움 견디기

새벽 햇살에 사라지는 별을 보고
안타까워 할 수 있을까
차마 감지 못할 눈을 감은 채
떠나간 얼굴이
그의 인생 전부는 아니듯이
뿌옇게 멀어져 가는 철길에
머금은 눈물이
너의 마음일 수는 없다
바람을 보고 울며
구름을 보고 웃을 건가
차라리 보이지 않는 하늘이 있다면
우리의 갈 길은 영원 하리라

슬픈 탄생

부화의 시간은
길수록 아름다운 고통입니다

때로는 식어가는 당신의 체온에 떨었고
전신이 타오르는 열병도 앓았습니다

심장의 가냘픈 뛰박은
당신의 깃털에 기대인
가여운 환락이었습니다

어둠은 영원을 가식하는 비열한 안락이라는
첫새벽의 가르침을 안고

당신이 남긴 피에 젖은 보금자리에
목멘 유다의 눈물을 흘리며
슬픈 탄생을 얻었습니다

가고 없는 님이여

산토끼마냥 철없이 뛰어다닌 까닭은
당신의 따스한 눈빛에 젖고 싶었음입니다
바람 부는 들판에 홀로 서성인 까닭은
당신의 포근한 가슴에 안기고 싶었음입니다

당신의 작은 경련은
내 온몸의 고통으로 닿았고
그 고통은 또다시 당신에게 억 만 배를 더하는 것이었나
봅니다

허공에서 가슴으로 흘러내리는 눈물은
외로이 떠다니는 메아리만 적실뿐
당신은 내 일그러진 웃음에 목소리에
아! 걸음걸음마다에

떠날 줄을 모릅니다.
떠날 줄을 모릅니다.

형

그는 울고 있었어요
이유는 묻지 말래요
싱그럽던 두 눈은 충혈 되어 있었어요

콧물 훌쩍이는 날보고는 울지말래요
그는 울고 있었어요…

눈빛은 충혈 되어 있었어요
이유는 묻지 않아요

망부석

멀리서
흔들리는
그림자의 난무를 보았다

점점 굳어가는
가슴을 부둥켜안은 채
차가운 어둠 속을 떠도는
님의 얼굴을 보았다

아!
굳어진 육신은
천년 세월에 심은
썩지 않는 씨앗이었다

귀토

말없이 한줌 흙 속에 묻히다
그 숱한 불면의 날들을 쌓아둔 채
이제
말없이 한줌 흙 속에 묻히다

수 천 날 전의 그 햇살은
산꼭대기서부터 들판을 거치고 개울을 건너
정다이 당신 곁에 와 있고

그리워하던 당신의 임들과 이제 만나니
아! 아직 이른 봄날의 진혼 소리는
정녕 축원의 노래인가
가고 또 가도 갈수 없는 곳으로
떠나버린 당신을 부르는
연약한 육신들의 안타까운 울부짖음인가

전날의 후회는 부질없는 일이고
지금부터의 일들은 닿을 수 없는 곳에 있으니
당신과 함께하는
지금의 시간은 대체 어디쯤인가

억만 개의 발자국들은
햇살아래서 일렁이는데
당신은 다시 못 올 길을 가시었으니
휑한 눈빛을 하늘에 두고
뜻 모를 고요만이 더해져가는
산등성이에 서 있다

고목

무척이나 긴 세월이었다
그 숱한 날들이
두꺼운 껍질에 스민 이끼 속에 숨어있고
벌레 먹은 구멍 속에 끼어있고
시들어가는 뿌리에 물들어 있다
이젠 피곤한가 보다

함께 서 있던
많은 벗들은
한발 앞서 영원한 휴식으로 들었고
이젠 그도 피곤한가 보다

혹독한 추위 거친 풍우에도
지그시 웃어왔는데
금년 겨울 찬바람에
움츠렸던 껍질이 그만
풀어지지 않을 시간의 매듭에 묶이어 버린 걸까
이젠 그도 피곤한가 보다

숱한 날들이
앙상한 가지에 기대어
자꾸만 멀어져가는
까마득한 하늘아래서
맴돈다

세월이 가면

잊혀진 날들이 되고 싶다
술잔에 쓰러지는 지평선…
사라질 듯
사라지지 않는
시린 눈빛은 남아 있고
눈물의 바다…
한줄기 별빛은 흐르겠지만
어제
그리고
오늘도
불러보던 그 이름
잊혀진 세월이 되고 싶다

고도

넓음의 의미를
홀로 있다는 또 하나의 정의라 할까

철새에 실려 온 뱃고동
떠나버리면 그만인 것에 아쉬움을 둠은
또 하나의 아픔이랄까

파도는 늘 하나로
흩어졌다 만나는 영원한 사랑이지만

하얗게 부서지는 하늘과 바다
아침햇살 몇 줄기에 흔적조차 찾을 수 없는
안개라 할까

가고픈 날들

분홍빛 아지랑이 피어오르고
연두색 나래가 춤을 추던 곳
이슬내린 오솔길엔 촉촉한 흙내음이

가냘픈 어깨로 던지는 조약돌은
파란 하늘 담은 물위에서 퐁당퐁당
솔숲 아래 스며드는 저녁연기 사이로
나지막한 초가지붕 셋.... 둘.... 하나....

담 모퉁이 돌아서다
잊어버린 옛 얘기

밤이면 펼쳐지는 아련한 길을 따라
논두렁 흩어지던 노래에 실리어
휘파람 하늘 높이 날아가고파

산골짝에 서면

나의 노래
오늘 밤 거친 숨결을 따라 구슬피 운다
아직 푸르지 못한 풀밭 위에 쓰러진다

나의 독백
오늘밤 아픈 노래 소릴 따라 구슬피 운다
미처 깨어나지 못한 겨울 땅에 뒹군다

나의 시
오늘밤 외로운 침묵을 따라 구슬피 운다
낯선 바람에 흩날린다

내 머무를 곳 모르는 발 길
헬 수 없는 숱한 날들
산골짝을 감싸 도는 바람결 따라 떠다닌다

서른이 되기까지…

독백

/ 강구 앞바다
/ 닥터강
/ 나는 천재외다
/ 공중변소
/ 슬픈 병동
/ 어불성설
/ 공간
/ 허풍
/ 소크라테스에의 도전
/ 삭도 밑의 아이
/ 그 바다에 햇살이 비추이어라
/ 분노의 파도
/ 변명
/ 우화
/ 각성
/ 길
/ 공굴리기
/ 난초의 노래

강구 앞바다

굳이 찾아서 방황하지 않아도
만남은 이미 나에게 다가오고 있었다
보리이삭 송이송이 눈 섶을 찌르던
오월의 들녘은
나의 것이 아니었다
그렇게 찾아든 바다는
하나가 되어 만날 수 없음에
또 둘로 되어 떠날 수도 없었다

오십천 강물은 산굽이 말없이 흘러 강구를 찾아오고
산을 찾아 나선 나는 어이하여 바다로 와서
무슨 한 맺힌 인연에 이렇게 모여 앉아
울고 있는가
강은 나를 버리고 바다로 간다
내 한 몸 풍덩 바다에 던지면
나는 무슨 꽃으로 그들과 더불어 피어나랴
어디서 이쁜 각시는 나를 위해 눈물 흘리랴
눈먼 바다가 머리 위로 더듬어 기어오른다
피 토한 바다가 앞 다투어 싸늘히 식어간다
어이하여 강구 앞바다는 그 흔한 바위섬 하나 남겨두지
않았는가
어이하여 나는 그 넓은 바다 한 조각 손에 넣지 못하는가

꽃이 되어 피고자 하면 산으로 갈 것을
나는 바다를 만나 산을 버리고
바다는 나를 버리고 산으로 간다
오십천 강물은 산굽이 넘어 넘어
강구를 찾아 말없이 흐르고...

내 차라리 강물로 되어 산마루 굽이차고
고향산천 두어 번 휘어 돌아
아버지 산소 아래 잠시 쉬었다가
송아꽃내 감꽃내에 흠뻑 취하여
하룻밤을 쉬었다가
갈매기 끼룩끼룩 우는 바다 가만히 찾아들어
울어도 눈물 없는 암벽에나 기대이어
잠들 걸

바다는 강물이 되어 흐를 수 없다
뭍으로 되어 떠날 수 없는 바다가 슬프다
하나 되어 만날 수 없는 바다가 슬프다
석양 갈매기 나래
바람에 날리우는 강구 앞바다
오십천 강줄기는 또 무슨 인연으로
그렇게 찾아 드는가

닥터강

그는 지금 의사의 길을 걷고 있다
도수 높은 검은 테 안경너머로
껌벅이는 눈물이 어인 일이냐
겔포스를 나누어 먹으며 우리는 마주 앉아 술을 미셨다
너의 그 슬픈 사랑만큼이나
내 아픈 가슴은 또 어이 할거나
이러한 이야기로 밤을 지샜다
송림사 입구 저수지에 던진 낚싯줄은
가을 코스모스가 필 때 마다 송어새끼를 희롱하고
16번 버스 덜컹대는 의자에 기대어
이빨을 드러내고 웃었다
스물일곱인 나보다 한 살이 적은 그는
앞머리가 대충빠져 마흔 줄은 쉽게 보고
그는 지금 의사의 길을 걷고 있다
무용하는 여동생의 등록금 걱정보다 더 슬픈
그의 사랑이야기를 들으며
나의 가슴은 통곡하였다
곰 서식지 같은 방에 드러누워 우리는
누렇게 이빨을 드러내며
모양 없이 웃었다

나는 천재외다

나는 주정뱅이외다
나는 술을 마시지 못하외다
주정뱅이가 술을 마시지 못하는 것은
우스운 일이외다
술을 마시지 않아도 허구한 날 취하여 있는
세상에 하나 밖에 없는
진짜 주정뱅이외다

나는 울보외다
나는 눈물을 흘리지 못하외다
울보가 눈물을 흘리지 못하는 것은
우스운 일이외다
눈물을 흘리지 못하여도 하세월 울고 있는
세상에 하나밖에 없는
진짜 울보외다

나는 천재외다
나는 아무것도 알지 못하외다
천재가 아무것도 알지 못하는 것은
우스운 일이외다
아무것도 알지 못하여도 세상일 다 아는 듯 살 수 있는
세상에 둘도 없는
진짜 천재외다

공중변소

이곳에 앉아 우리는 신문을 펼쳐들고
거짓과 진실의 시종을 후벼 파고 있다

문을 열고 마주 앉는 문명은 낯설어
어릴 적 우리는
어둠이 두려울 때면 안으로 문고리를 걸어 잠근 채
미장 하지 않은 벽을 사이에 두고
서로의 이름을 불러
가까이 있음을 확인하곤 했었다

세월이 흐른 오늘
두 다리를 벌리어 걸터앉은 채
근엄한 얼굴로 신문을 펼쳐들지만
그 모양은
그다지 위대하지 못하며
신비롭지도 않다

이곳에서는
허리끈을 풀고
알몸을 내어놓기까지
한순간도 주저하지 않는 완벽한 자유가 주어지지만
벽을 사이에 둔 채
옆에는 누가 있는지
이제는 이름도 부르지 못하고
서로의 악취로 미간을 찌푸리며
사설을 탐독하고 있다
그 순간에도 배설물은 무심하게 쌓인다

이곳에 앉아 나는 신문을 펼쳐들고
거짓과 진실의 시종을 냄새 맡고 있다

슬픈 병동

그들에게는 즐겨 부르는 마약같은 노래가 있다
옷을 벗고 안면의 가죽을 벗기고
영혼마저 그들의 이성을 탈출하였다
하지만 그들의 잘못은 아니다
함께 돌아가지 않으면 존재할 수 없는
톱니바퀴의 얄궂은 운명처럼
병동 속에 쳐 넣어진 그들의 삶은
그리하여 유지되는 유일한 방법인 것이다
세월을 거슬러 올라간들
이 애초에 잘못된 그들의
그렇게 만들어진 운명이
해명될 수 있는 것은 아니다

그러나 이 가여운 영혼들의 다행은
그들은 아무것도 알지 못한다는 것이다
히여 목이 쉬는 줄 모르며 노래 부르고
광란의 고함 속에 육체는 허위적 거린다
눈동자는 진리를 보지 못하며
귀먹어 듣지 못하는 사랑도 있다

그들은 미치지 않았으나
스스로 미친 줄 안다
성한 몸으로 입원한 억울한 사연도 잊어버린 채
영혼은 이성을 탈출하여 광란하고
깨어날 줄 모른다

그들은 미치지 않았으나 미쳐있다
아!
그러나 더 슬픈 것은
자신의 참모습을 알지 못하며
지금의 모습도 모르는 일이다
이것이 슬픈 병동 이야기다

어불성설

바다
내 그를 좋아하여 이름조차 그와 같이 하였다
하지만 그로 인하여
내 마음 머부를 줄 모르고 방황하였다
그는 그렇지 아니하였지만
내 좁은 가슴
내 얕은 생각은
그의 것을
감당하지 못하였다
그리하여
그 속에 바위를 더하였다
그에 대한 배신은 아니다
그는 그렇지 아니하였지만
나는 그러하였기에
그러지 아니하고는 감당할 수가 없어
그 속에 바위를 더하였다
바위 그리고 바다
그것은 배신이 아니고
그는 너무 위대하여
그러지 않고는 감당할 수 없어
그래서 나는 그리하였다

공간

내 무너져 내린 가슴으로 바라본
너의 향기로운 그림자
어느새
20센티 벽돌 담장을
거짓말처럼 허물고
5단 책장 우측 모서리에 끼어들고 말았다
굳이 무스 바른 머리칼 내음이 아닐지라도
스물일곱 위선의 모자이크무늬는
못다 내린 뽀얀 목덜미의 비웃음으로
탄로 나고
이제 나는 백기를 들어야 할 시간
시체처럼 누워 잠든 이마에
입술자국 하나 파랗게 남기고
나의 변명을 노래하리라

허풍

장광설 자는 죽었다

평생토록
제 모습 한번 못보고
지옥보다 추악한 길을 떠돌며
사팔눈으로
목이 쉬어라 소리소리 치더니만
추운 겨울날
목소리 얼어붙고
화롯가에 앉아
소리 없이 졸다가

갑자기 죽었다

소크라테스에의 도전

쥐 한 마리와 구더기
그리고 소나무가 있다
솔잎은 떨어져 썩을지언정
구더기가 될 수는 없다
오호라
쥐는 밤을 낮같이 달린다

삭도 밑의 아이

두어 시간 다물기로 한 입에서
휘파람 소린 그칠 줄 모른다
삼손의 눈알을 빼먹은 교활함처럼

어둑한 숲 속 삭도에는
제각기 용상의
상감마마가 되어 세상을 굽어본다
십분이면 내려야 할 시한부 용상임은
기억할 필요도 없다

아이는 백원짜리 동전 두어 개를 만지작거리며
휘파람을 분다
무슨 노래인지도 모르고
알 필요도 없다
두어 시간 입을 다물기로 했지만
욕할 사람은 아무도 없다

그 바다에 햇살이 비추이어라

파도소리는 저만큼 멀리에 있었다
등대는 죽어가는 소의 눈망울처럼
희뿌옇게 가물거리고
밀수선을 뒤쫓는 경찰의 서치라이트는
허연 이빨만 비추더라고
그는 이야기해 주었다

별은 까마귀 등 위에 앉아
꼬박꼬박 조는데
수술대에 놓인 마취환자의 이마엔
시퍼런 칼날이 번득이고
환자는 입가에 미소를 머금은 채
잠들어 있었다

쏘아올린 조명탄 빛에
눈이 부시어 오히려 아무것도 볼 수 없었다고
그는 말을 이었다

환자가 눈을 떴을 때
달그림자는 검게 가려지고
벗어던진 밀수꾼의 잠수복만
덩그러니 드러누운
그 바닷가 멀리에
희미한 햇빛 한줄기가 슬금슬금 기어오르고 있었다.

분노의 파도

파도야 울지마라
길은 어두워 보이지 않고
두려움에 사지를 묶여
허공으로 허공으로 내동댕이 치던
아! 그 밤이야 내 모를까

갈기갈기 찢어진 하늘에
번쩍이던 해골의 붉은 이빨이
전신을 할퀴고 간 자국
흐르는 핏줄기가 온 산천을 물들이던
아! 그 고통이야 내 모를까

파도야 울지마라
피로 젖었던 산천에는
꽃이 피었다
태양에 아문 상처에서는
새살이 돋는다

구름 덮인 밤이면
홀로이 울부짖는 마음이야
내 모를까 마는
파도야 울지마라
파도야 울지마라

변명

바람은 제 멋에 불고
지나가는 것인데
실오라기 하나 걸치지 못하고
벗어버렸다
떨리는 입술
움츠린 가슴에
장밋빛 환락의 꽃을 심었다
일그러진 얼굴로 웃어야만 했던
밤은
날이 새면 다가올
고통의 서막임을
모르는 건 아니었다
거부할 수 없는 몸짓은
나약의 한 많은 죄악이라 흐느끼며
파도가 비웃는
고통의 낯은 두렵다고
가슴을 헤쳐 풀고
밤을 기다렸다

우화

도심을 질주하며
타오르는 불꽃에
눈빛은 충혈 되어 있었다

그러나
먼지를 비집은 햇살은
벌거벗은 몸뚱이를 노출시켰고
돌개바람은 그 몸을
허공으로 내동댕이쳤다

하늘에 닿을 듯
치솟던 불꽃은
한줌 흩어지는 재로 남았다

눈물은
어설픈 웃음의 흔적이었고
웃음은
쓰라린 아픔으로 새겨진 주름살이었다

각성

술잔을 뒤집으며
하늘을 우러러 한 점 부끄럼 없기는 틀린 일이고
거미줄 어지럽게 매달린 천정을 우러러

소피스트의 궤변이 살아난다고
움츠린 개구리가 되고 싶다고
뜻 모를 소리를 지껄이는데

소크라테스의 영령이
네 꼴을 알라고
사정없이 뺨을 후려칠 때

부러진 이빨을 찾아 두리번거리지만
그렇다고
갈지자걸음으로 도망칠 수도 없는 일이다

길

동녘 눈부신
외줄기 길은
우거진 숲으로
어지러운 벼랑으로
떨며 웃어야 할 숨 가쁜 행군인데
강은 구름을 탄 채
제 갈 데로 노닌다

돌아보면
피곤하여 쓰러진 잿빛하늘이건만
그림자가 밟혀 구겨진들
걸음이야 못 걸을까

저녁안개 자욱이
서산으로 내려오면
닭이 때를 잊고 울기도 하겠지만
길은 저만치서
홀로이 손짓한다

공굴리기

어른들은 공을 던져 놓고
그냥 앉아 있었다

어린 나는
그 공을 주우러 다녔다

내가 어른이 된 지금
그들은 공을 던지려 하지 않는다

아이들은
내가 던진 공을 주우러 다니고

그 공은
나에게 돌아오지 않는다

난초의 노래

한줄기 난초가 되어
나지막한 정원에서 바라보고 싶다

아침이면 일찍 깨어나
흠뻑 이슬을 마시고

파란 하늘위로
한 송이 연보라 꽃은
눈이 시리도록 어울릴거다

노을 너머로 어둠이 오면
까마득한 지붕위의 창백한 달과
쏟아질 듯 새까만 별빛사이로
난초의 꿈은
떠다닐거다

서른이 되기까지…
청춘

/ 눈
/ 포물선 사랑
/ 공중전화
/ 출발
/ 청춘
/ 별
/ 실수
/ 기도
/ 고향의 봄
/ 방랑자
/ 24시간의 무대
/ 너와나
/ 바보
/ 가로등 아래
/ 나의 바다로
/ 혼돈
/ 숙명
/ 봄으로의 초대
/ 친구
/ 도서관
/ 탄생
/ 도하가

눈

멀고먼 오로라의 성좌로부터
달려온 너의 발자국
오늘밤 하얗게 눈에 덮이고

어둠의 막다른 곳
새벽을 두려워 말라고
소복소복 속삭이며
나를 향해 웃지만

해가 뜨면 너는 사라져야 할 운명
내 아리따운 슬픔은
너로 인해 시작되었다

포물선 사랑

나의 사랑은
등대 파도에 묻히고
별도 마다한 밤에
홀로
떠있는
조각배

나의 사랑은
기억할 출항지도 모르는 걸
기약할 기항지도 모르는 걸
그냥 두고
떠나야 하는
난파선

아! 나의 사랑은
지워 지지 않는 먹물로
무심하게 그어버린
포물선

공중전화

한 겹 두 겹 이슬처럼 쌓이는
그리움을 밟으며
걸어보는
인적 없는 시 외곽 비포장도로에
너는 누구를 기다리며
홀로 서 있는가
내게 필요한 건
깨어진 유리창 너머로
불러 주는 너의 단 한번 손짓
그러나 그마저
너는 외면하고
그리움에 젖은 내 발길은
무거워만 간다

출발

이제 나는 가려노라
두 눈은 먹물로 가리어지고
쇠사슬에 묶인 밤
그보다 더 지독한 차단의 침묵으로
두려움에 움츠린
장막을 걷어 볼까나

목소리 가만히 가다듬고
저음으로 노래하며
눈물로 어리석음 달래며
한 발짝 내딛어 보노라
수호신의 분노가 두려웁나니
길게 모가지 늘이고 기다리리라

전날의 형벌은 차라리 기억하기조차 무섭다
그러나 나의 길은 도망도 아니요 탈출도 아니라
새로운 심판에로의 방문이니
기쁨도
아니고
슬픔도
아니다

이제 나는 가려노라
버릴 것이 없으니 가질 일도 없다
삭발에 촛불이나
북소리 등에 업은 행군도
어울리지 않는구나
목소리 가만히 가다듬고
저음으로 노래하며
한 발짝 내딛어 보노라

청춘

빛을 보면 터져버리는 버섯처럼
미쳐 태양과 더불어 다듬을 시간이 없다

그대로 간직하기엔 너무 기형
아니면 아예
가죽을 벗지 못한 채
곪아 가고 있는 종기

스스로 메스를 들기 두렵다면
차라리 지옥으로 몸을 던져라!

있되 있는 것 같지 않은 심동
빛 잃은 안광
영혼을 가누지 못할
육신이라면
해부의 칼끝에 몸을 놓아라!

긴 방랑의 세월에
두고 온 숱한 무덤을 파헤쳐
눈이 부시게
눈이 부시게
광야에 펼치거라

별

당신은

스치며 지나가는 바람에
일렁이는 호수 위의 물결로

무심하게 철썩이는 파도에
실려 오는 바다 내음으로

비 내린 정거장에 흩어진
모래알 같은 이야기로

기어이 사라지고야 말
발자취를
더듬으며
앙상하게 앉아 있다

실수

까만 눈가 적신 눈물에
내 한 몸 흠뻑 빠지고

원시 밀림 같은 내 가슴에
찬란한 햇빛 쏟아지고

내 마음 온통 네 것이 되더니

아뿔싸
내가 너의 애인이었구나

기도

하얗게 바다를 달리는
발가벗은 여름아이처럼
내 가슴에
조그만 사랑이
싹트게
하소서

짙푸른 들판을 가득히 적시는
칠월의 장맛비처럼
내 가슴에
그 사랑
넘치게
하소서

고향의 봄

겨우내 얼었던 사랑은
눈 내린 3월의 잔디처럼
돋아 날거다

꾸불꾸불 기다란 길
열다섯 살 자전거로
움푹 패인 진흙탕 물 바지에 적시던
고향의 그 길에
옛날처럼 봄은 오고

겨우내 얼었던 사랑은
비 그친 4월의 벚꽃처럼
피어 날거다

방랑자

눈물은 두 개의 수소와 하나의 산소가 합쳐진
소금기 있는 물임을 알았을 때
내가 당신께 드릴 것은 아무것도 없습니다

당신은 새벽안개가 걷힐 때면 언제나 차갑게
와 닿는 비너스의 화신이지만
나는 충혈된 눈으로 썩은 연못을 바라보는
술 취한 그림자입니다

달빛 없는 밤
까마득한 별들의 숲속으로 빠져들 때면
당신은 언제나
나의 품속 어여쁜 웃음이지만

별 숲이 서쪽으로 밀려나면
나는 이만치서
당신의 그림자를 쫓는
빛 잃은 시선입니다

두려움은 기약 없는 값싼 희망마저 거부한 채
내가 당신께 드릴 것은 아무것도 없는
슬픈 침묵입니다

24시간의 무대

불빛하나 없는 밤
길게 드리운 머리카락 같은 어둠이
전신을 감싸는 향기로 와 닿는다

태양은 혼란의 일막
굼실거리는 파동에
현기증을 일으키지만

눈만 감으면 펼쳐지는
아늑한 조명
그리고 가볍게 와 닿는 체취

천국은 어디서나 펼쳐지는 고마운 환상

아름다운 사람아
이슬에 젖은 연둣빛 치맛자락이
한밤 은하수 위를 사뿐히 걷는다

너와나

내 호흡이 너의 반짝이는 눈동자에 숨죽일 때
네 웃음은 여름 한낮에 불어오는 솔바람

내 밤이 너의 들창 달빛에 서성일 때
네 꿈은 목마른 난초를 적시는 아침이슬

내가 너와 하나 되어
둘이 함께 반짝이고 싶은 이유는

그렇게 해서 비치는
우리들 별나라

바보

초겨울 어둠살이
배부른 거미처럼 슬금슬금 내려올 때
걸음은 뜻 없이 바쁘고
시선은 둘 곳을 찾지 못하는데
덩그러니 서있는 나무 위에
걸터앉은 별 하나
나를 보고 웃네

가로등 아래

하늘빛 가로등이
찡긋 눈짓하며 다가오라 손짓하네

초여름 밤 바람이
초록 향수 흩뿌리며 옷깃을 건드리네

지난겨울 시린 발 구르며
그 바람 싫다하고 원망도 했었다네

이 바람 저 바람 어깨에 기대어
쿵짝짝 쿵짝짝 왈츠로 유혹하네

나의 바다로

오라
내게로 오라
나의 가슴은 언제나 머나먼 침묵의 바다

날개가 있다면 날아와서 좋으련만
부러진 목발이라도
나의 손을 잡으라
널따란 내손은
피 묻은 상처를 씻어주는
마법의 안마사

내게로 오라
스쳐가는 바람에도 일렁이지만
언제나 하나로 다시 만나는
영원의 바다

혼돈

달리라!
뿌연 먼지의 군중 속으로
흔들리는 발자국의 난무....

달리라!
짓밟힌 그들의 그림자를
두 손에 보듬고
일으켜 세우며

달리라!
너의 젖은 소매로
그들의 땀을 흠뻑 훔치어
몸 깊숙이 파고들어
느끼게 하라

숙명

그것은 너와 나의
없어야만 했을 필연적인 운명
만날 때부터 상처는 깊었고
이제는 검은 눈망울로 마주보아야 한다

너로 인하여 멍든 영혼
나를 품은 너의 떨리는 가슴
눈물의 의미를 모를 적부터
우리의 슬픈 운명은 시작되었다

만남은 차라리 가슴이 터지도록
불러야만 될 장송의 노래
그리하여 하나가 될 수 있다면
끓는 피 이글거리는 불덩이 속으로
앞을 다투어 뛰어들어야 한다

그것은 너와 나의
숙명!
한 방울 튀어 오른 핏자국을 남기고
우리는 서로의 맥박을 더듬어 기억해야 한다

봄으로의 초대

봄이 부른다 은백의 햇살을 싣고
한때는 삶이 두려워
흑빛 해안을 기웃거리던
충혈된 눈동자에

봄이 부른다
길게 녹슬은 철로를 따라
지난겨울 쓰러진 눈발위로
갓 깨어난 연통이 꿈틀대며

장막을 걷자
곰팡내 피어나는
무덤같은 차단의 장막을 걷자

하늘을 날자
데릴라의 젖가슴에 악의 꽃이 피기 전에
웃음도 감추고 눈물도 감추고
하늘을 날자

긴 동면의 빙벽을 허물고
샛푸른
봄이 부른다

친구

내 부러진 이빨로
나의 어리석은 그림자의 씨앗을
하나도 남김없이 씹어 버리련다.

그리고
내 눈에 보이는
모든
단단한 것은
내 깨어진 이마로
부수고 부수어
자갈을 만들고 모래를 만들고
그리고 먼지로 만들어
눅눅한 내 입김과 함께
하늘 저쪽 건너편 지옥으로
모조리
불어 버리련다.

그래도 남은 것이 있다면
내 거친 손으로
갈기갈기 쪼개고
부수고 문질러
내 시야에서 사라지게 하련다.

그래서
이 세상 전부를 하얗게 만든 후에
내 새끼손가락의 피 한 방울을
그 속에
툭
떨어뜨리련다.

그리고
그로 하여금
영원히
바래지지 않게 하련다.

도서관

그
한없이 조용하고
한없이 치열한
역설의
공간

탄생

불이 탄다
이글이글 타오른다
혀를 내 밀고 죽은 시체
눈이 튀어나온 시체
머리가 없는 시체
그리고 허우적허우적 춤추는 영혼
모조리 태워버린다
거기엔
웅변도 없고
술 취한 밤도 없다
미쳐 날뛰는 낮도 없다
아무것도 없다 그리하여
재는 진공으로 사라지고
그을음 속 돌 하나가
반짝반짝 웃고 있다

도하가

어머니가 기워주신
모시적삼
곱게 차려입고
단숨에
건넌
태평양

/ 추신 /

어쩌면
너와 나는
봄볕
벚꽃내음 흩날리는 신작로를
나비처럼 걸었다

그
봄은 가고

여름도
가고

어쩌면
너와 나는
가을하늘
단풍잎 애태우는 먼 산 바라보며
갈대처럼 서성인다